Cómo crear

Mapas Mentales®

TONY BUZAN

Cómo crear
Mapas Mentales®

El instrumento clave para desarrollar tus
capacidades mentales que cambiará tu vida

U R A N O

Argentina - Chile - Colombia - España
Estados Unidos - México - Uruguay - Venezuela

Título original: *How to Mind Map*®
Editor original: Thorsons, an imprint of HarperCollins*Publishers*, Londres
Traducción y adaptación al español: Giovanna Cuccia
Rotulación de los Mapas Mentales®: Carlos Baró
Preparación, digitalización y montaje de las láminas de Mapas Mentales®:
Germán Algarra

Originally Published in English by HarperCollins*Publishers* Ltd. under the title:
HOW TO MIND MAP®. Translated under license from HarperCollins*Publishers*
Ltd. The author asserts the moral right to be identified as the author of this work.

© 2002 *by* Tony Buzan
© 2004 *by* Ediciones Urano, S.A.
© de la traducción, 2004 *by* Giovanna Cuccia
    Aribau, 142, pral. – 08036 Barcelona
    www.mundourano.com
    www.edicionesurano.com
ISBN: 978-84-7953-566-7
Depósito legal: B - 8.987 - 2007
Fotocomposición: Ediciones Urano, S.A.
Impreso por: Liberdúplex, S.L
Crta. Bv. 2249 Km. 7,4 – Pol. Ind. Torrentfondo
08791 Sant Llorenç d' Hortons (Barcelona)
Impreso en España – *Printed in Spain*

Dedicatoria

Dedicado al cerebro humano y a sus increíbles poderes de Imaginación y Asociación, ambos desarrollados y potenciados mediante la magia de los Mapas Mentales®.

Índice

Capítulo tres
Cómo alcanzar el éxito personal con los Mapas Mentales®

Lista de Mapas Mentales®

Mapa Mental® 1: La fruta

Mapa Mental® 2: Superar un problema

Mapa Mental® 3: Confeccionar una presentación

Mapa Mental® 4: Planificar la vida familiar

Mapa Mental® 5: Organizar un fin de semana romántico

Mapa Mental® 6: Emprender un nuevo proyecto

Mapa Mental® 7: Elegir los regalos más apropiados

Mapa Mental® 8: Crear tu futuro ideal

Agradecimientos

Quiero expresar mi especial agradecimiento a las personas
que me han apoyado en el desarrollo del método de los
Mapas Mentales® y que han contribuido a su éxito: mi
querido amigo Sean Adam que en 1986 predijo que en
20 años los Mapas Mentales® se iban a convertir en el
instrumento clave para desarrollar las capacidades mentales
y me animó incansablemente hasta alcanzar este objetivo; mi
secretaria personal e íntima amiga Lesley Bias, por su
dedicación extraordinaria y dotes mecanográficas —¡si no
fuera por sus rápidos dedos no estarías leyendo este
libro!—; Alan Burton, el artista de los Mapas Mentales®,
cuyas manos plasman brillantemente cualquier idea; los
instructores diplomados por el Buzan Center (Buzan
Licensed Instructors [BLIs]) que divulgan el método de los
Mapas Mentales® en los cinco continentes; mi hermano y
profesor Barry Buzan, cuyo apoyo constante y cuyo

entusiasmo han acelerado el proceso de difusión de los Mapas Mentales® en el mundo; mi queridísima madre, Jean Buzan, por ayudarme a desarrollar mis capacidades mentales y por su colaboración en las tareas de edición de mis libros; Michael J. Gelb, colega aficionado a los Mapas Mentales®; príncipe Philipp de Liechtenstein, el primer director general que apostó por los Mapas Mentales® y ofreció a sus empleados de la Liechtenstein Global Trust la oportunidad de utilizarlos; Vanda North, la fundadora de los Buzan Centers cuya asombrosa dedicación a la divulgación del método de los Mapas Mentales® sigue dando asombrosos resultados; Caroline Shott, mi directora editorial, que tuvo la idea de este libro y de la colección de Thorsons de la que forma parte; quiero expresar un agradecimiento especial a Carole Tonkinson, mi editora personal de proyectos, por su apoyo constante. Asimismo deseo dar las gracias a mi extraordinario equipo de Thorsons, mi editorial inglesa, que ahora considero como mi familia: Helen Evans,

Cómo crear Mapas Mentales®

mi jefa de edición; Kate Latham, mi editora de proyectos; Jacqui Caulton, mi ilustradora; Jo Ridgeway, mi directora artística; Jo Lal, mi directora de marketing y Megan Slyfield, mi directora de publicidad.

Carta a los lectores

Deja que te cuente la historia de cómo nacieron los Mapas Mentales® y de la idea que fue el germen de *Cómo dibujar Mapas Mentales*®.

De niño, en la escuela, me gustaba tomar apuntes y aprender. Pero el método tradicional de enseñanza me llevó poco a poco a odiar el estudio; vivía la paradoja de querer aprender y no tener las herramientas adecuadas para hacerlo. Para sacar más provecho de mis estudios y recuperar la ilusión perdida, empecé a subrayar las palabras clave de los textos que leía evidenciando de forma distinta los conceptos más importantes. Como por arte de magia, mi memoria empezó a potenciarse, al tiempo que renacía mi pasión por el estudio.

Durante mi primer año de universidad, aún seguía luchando. En esa época, estudiando el arte de la oratoria de los griegos, me quedé fascinado por sus técnicas para potenciar la memoria y recordar miles de acontecimientos y palabras. El sistema mnemotécnico de los griegos se basaba en desarrollar Imaginación y Asociación, conceptos entonces desconocidos para mí.

Poco a poco empecé a utilizar sus técnicas para tomar apuntes, diferenciándome de todos mis compañeros, que seguían usando el monótono y lineal sistema tradicional.

De repente me di cuenta de que en mi cerebro existía una red gigante de pensamientos que necesitaba un nuevo instrumento para poder expresarse libremente.

Así empecé a buscar nuevas fórmulas para desarrollar mis capacidades mentales y ayudarme a **organizar** mis pensamientos y conocimientos con más facilidad y soltura.

Acompañé mi búsqueda con estudios de diferentes ramas del conocimiento, en particular de psicología. Descubrí entonces que también para los psicólogos la Imaginación y la Asociación fundamentan cualquier proceso mental. Estas lecturas despertaron en mí una enorme curiosidad por investigar aún más sobre mi cerebro y sus poderes. Estos poderes eran mucho mayores de lo que me hubiese imaginado. Acto seguido, empecé a centrar mi atención sobre temas específicos, como la memoria, la creatividad y las técnicas para tomar apuntes.

Rápidamente descubrí que la mayoría de los grandes pensadores, especialmente Leonardo da Vinci, utilizaban imágenes, códigos y líneas o ramas entrelazadas para escribir sus anotaciones. Gracias a estos recursos, sus notas eran más llamativas.

Durante este período de investigaciones, a menudo daba largos paseos por la naturaleza, donde me resultaba más fácil pensar, imaginar y soñar. De ahí, la idea de que, dado que somos parte de la naturaleza, nuestros pensamientos y la forma de expresarlos tienen que estar estrechamente vinculados con la naturaleza y reflejarla; ¡el funcionamiento de nuestro cerebro manifiesta las leyes universales de la naturaleza!

Existía sólo una solución para mi dilema. El instrumento para desarrollar nuestras capacidades mentales tenía que facilitar cualquier actividad diaria, además de respetar los procesos naturales del cerebro.

Me hacía falta una herramienta dúctil que se acoplara naturalmente a nuestro cerebro y no lo forzara a trabajar contra sus principios naturales. Así fue como nació un instrumento sencillo y brillante como una estrella, que al tiempo que respetaba la natural creatividad de nuestro cerebro, facilitaba los procesos mentales.

¡Así fue cómo vio la luz el primer Mapa Mental®!

La cadena de televisión inglesa BBC mostró enseguida su interés por este nuevo descubrimiento y me contrató para realizar un programa de media hora sobre los Mapas Mentales® y sus usos en la educación de los niños.

Durante el encuentro para preparar el programa, tracé un Mapa Mental® de la Tormenta de Ideas (*Brain Storming*) que estábamos realizando. Mirando al creciente Mapa Mental®, el jefe del área educativa de la BBC exclamó: «Aquí hay mucho más que un programa de media hora, ¡como mínimo harán falta diez!»

Al cabo de un año, celebramos el lanzamiento de la serie en diez episodios de «Use your head» y la colección de libros que la acompañaron. ¡Los Mapas Mentales® habían creado su propio futuro!

Desde entonces sigo dedicando mi vida a dar clases y divulgar la teoría y la práctica de los Mapas Mentales®. Tras el esfuerzo y la lucha para conseguir mis títulos académicos, estaba decidido a enseñar a todo el mundo los increíbles beneficios de mi descubrimiento. Mi determinación en poner los Mapas Mentales® al alcance de todos está en la base de este libro. En *Cómo crear Mapas Mentales®* te enseñaré qué es un Mapa Mental®, cómo funciona y cómo puedes utilizarlo para ayudarte en múltiples tareas.

Cómo crear Mapas Mentales® te guiará paso a paso en el sencillo proceso de elaboración de un Mapa Mental®. Este método te cautivará enseguida mostrándote los beneficios inmediatos que podrás conseguir en la vida diaria.

Los Mapas Mentales® han cambiado mi vida por completo, mejorándome. Estoy absolutamente convencido de que al terminar la lectura de este libro podrás decir lo mismo.

Prepárate para sorprenderte ¡a ti mismo!

Tony Buzan

Capítulo uno

Introducción a los Mapas Mentales®

En este capítulo encontrarás la respuesta a las siguientes preguntas:

- ¿Qué es un Mapa Mental®?
- ¿Qué necesitas para crear un Mapa Mental®?
- ¿Cómo pueden ayudarte los Mapas Mentales®?

¿Qué es un Mapa Mental®?

Un Mapa Mental® es un método de análisis que permite organizar con facilidad los pensamientos y utilizar al máximo las capacidades mentales.

El sencillo Mapa Mental® que encontrarás en la página siguiente resume el plan de actividades de un día cualquiera, por ejemplo de hoy mismo.

Cada una de las ramas que irradian de la imagen central describe una tarea diferente que se debe realizar durante el día de hoy, como por ejemplo llamar al fontanero o hacer la compra.

Un Mapa Mental® es la forma más sencilla de gestionar el flujo de información entre tu cerebro y el exterior, porque es el instrumento más eficaz y creativo para tomar notas y

planificar

tus pensamientos.

Todos los Mapas Mentales® tienen algo en común: su estructura natural compuesta por ramas que irradian de una imagen central, y el uso de colores, símbolos, dibujos y palabras que se enlazan según un conjunto de reglas básicas, sencillas y amigables. Gracias a los Mapas Mentales® puedes convertir una larga y aburrida lista de información en un diagrama brillante, fácil de recordar y altamente organizado, en sintonía con los procesos naturales de tu cerebro.

Un Mapa Mental® es muy parecido al mapa de una ciudad. El centro del Mapa Mental® corresponde al centro de la ciudad, y representa la idea más importante; las calles principales que irradian del centro representan tus pensamientos principales, mientras que las calles secundarias reflejan tus pensamientos secundarios, y así sucesivamente. Los dibujos y las formas especiales que en la cartografía urbana representan los lugares de interés, en la cartografía mental evidencian las ideas particularmente interesantes.

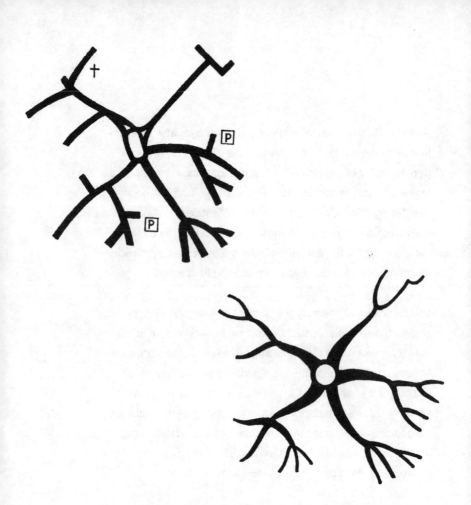

Cómo crear Mapas Mentales®

Como un mapa de carreteras,
un Mapa Mental®:

- Te dará una visión global de un área determinada.
- Te permitirá orientarte, definiendo dónde estás y hacia dónde quieres ir.
- Te permitirá agrupar una gran cantidad de información en un esquema sencillo.
- Te facilitará las tomas de decisiones y la solución de problemas, mostrándote nuevos caminos.
- Es fácil de consultar, leer y recordar.

Los Mapas Mentales® son extraordinarios

mapas de carreteras

para la memoria, dado que te permiten organizar eventos y pensamientos desde su origen respetando el funcionamiento natural de tu cerebro. Esto significa que a partir de ahora recordar y memorizar información te resultará mucho más fácil y eficaz.

¿Qué necesitas para crear un Mapa Mental®?

Para trazar un Mapa Mental® no se precisan herramientas especiales; dado que se trata de una receta sencilla, hacen falta muy pocos ingredientes:

1. **Una hoja de papel en blanco**

2. **Rotuladores de colores**

3. **Tu cerebro**

4. **¡Tu imaginación!**

¿Cómo pueden ayudarte los Mapas Mentales®?

Los Mapas Mentales® pueden ayudarte de **mil maneras** diferentes. Aquí encontrarás sólo algunas de ellas.

Los Mapas Mentales® sirven para:

- potenciar la creatividad
- ahorrar tiempo
- solucionar problemas
- concentrarse
- organizar más eficientemente los pensamientos
- aclarar las ideas
- aprobar los exámenes con mejores resultados
- estudiar más rápida y eficientemente
- recordar mejor
- tener una visión global de las cosas
- planificar
- comunicar
- ¡sobrevivir!
- ¡salvar árboles!

Podemos comparar tu

cerebro

y el

conocimiento

almacenado en él, con una biblioteca.

Imagina que tu cerebro es una biblioteca recién construida y completamente vacía, a la espera de ser llenada con información y datos, en forma de libros, vídeos, microfilms y CDs.

Tú eres el bibliotecario y tienes que decidir primero si quieres disponer de una pequeña o una gran cantidad de información. Obviamente optarás por tener la mayor cantidad de información posible.

Acto seguido, tendrás que decidir si quieres organizar esta información.

Imagina por un momento que decides **no** organizar la información, eligiendo apilar en el suelo de tu biblioteca y sin ningún criterio los libros y el material que recibes. Cuando alguien te pide una información o un libro determinado, te encoges de hombros y le contestas: «Lo que buscas está en algún lugar allá entre las pilas, espero que lo encuentres. ¡Suerte!»

¡**Esta** metáfora describe el estado mental de la mayoría de la gente!

La mente de estas personas contiene toda la información que necesitan, pero está tan mal organizada que les resulta imposible utilizarla eficazmente. Esto les lleva a sentir frustración y rechazo a la hora de asumir más información. ¿Qué sentido tiene, de hecho, almacenar tanta información si en ningún momento podemos acceder a ella?

Imagina, por otro lado, que eres un bibliotecario de primera, cuya biblioteca está repleta de información perfectamente organizada y accesible. En tu biblioteca no hay ninguna referencia que no esté clasificada y todo se encuentra exactamente donde quieres que esté.

Además de todo esto, dispones de un moderno sistema informático que te permite localizar cualquier dato a la velocidad del rayo.

¿Un sueño imposible?

NO

¡Una posibilidad inmediata para ti!

Los Mapas Mentales® constituyen un revolucionario sistema de recuperación de datos y acceso a la biblioteca gigante que existe en tu potente cerebro.

Los Mapas Mentales® te ayudan a aprender, organizar, y almacenar tanta información como quieras. Gracias a un criterio de clasificación sencillo y natural tendrás acceso instantáneo (¡y una memoria de elefante!) a lo que precises en cualquier momento.

Los Mapas Mentales® tienen otro valor añadido. Cuanta más información tengas que organizar, más eficaz y rápido será tu sistema de gestión.

¿Por qué?

Porque gracias a los Mapas Mentales® cualquier parte de la información está estrechamente vinculada a otra, asociándose automáticamente a otras unidades de contenido. Cuanta más información posees, más enlaces mentales construyes, y, como consecuencia, tu memoria se hace más sólida.

Con los Mapas Mentales®, cuantos más conocimientos tengas, **más fácilmente** aprenderás conceptos nuevos.

En conclusión, los Mapas Mentales® te ofrecen toda una serie de ventajas para simplificar tu vida y alcanzar tus objetivos.

¡Y ahora ya puedes empezar a crear tu primer Mapa Mental®!

Capítulo dos

Cómo dibujar
un Mapa Mental®

- **Descubre tu habilidad natural para crear Mapas Mentales®**
- **El juego de la Imaginación y de la Asociación**
- **Cómo dibujar un Mapa Mental® en siete pasos**
- **Crea tu primer Mapa Mental®**

En este capítulo realizarás tu primer Mapa Mental®, empezando con el juego de la Imaginación y de la Asociación.

Al finalizar este capítulo dominarás la técnica para dibujar Mapas Mentales® y conocerás todos los ingredientes necesarios para la creación de grandes Mapas Mentales®.

Descubre tu habilidad natural para crear Mapas Mentales®

¿Cómo funciona un Mapa Mental®? ¡De la misma forma que funciona tu cerebro!

A pesar de que tu cerebro puede realizar las tareas más complejas, su funcionamiento se basa en principios muy simples.

Sucede lo mismo con los Mapas Mentales®, que son fáciles y divertidos precisamente porque respetan las necesidades y la energía natural de tu cerebro.

¿Cuáles **son**, entonces, los motores que ponen en marcha tu cerebro?
La respuesta es muy fácil:

imaginación

y

asociación

Si sigues teniendo dudas, prueba este juego y crea tu primer Mapa Mental®.

El juego de la Imaginación y de la Asociación

Lee la palabra en mayúsculas en el centro de esta página, y a continuación cierra los ojos durante 30 segundos y piensa en ella.

FRUTA

Cuando lees la palabra FRUTA y cierras los ojos, ¿qué ves en tu pantalla interior? Seguramente no ves una palabra desnuda, dado que tu cerebro inmediatamente habrá generado una imagen de tu fruta favorita, o de un cuenco de fruta, o de una frutería, y así sucesivamente. Probablemente veas también los brillantes colores de cada fruta, y relaciones sus correspondientes sabores y olores.

Cómo crear Mapas Mentales®

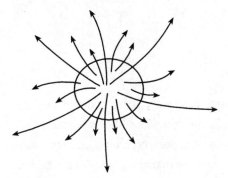

Los pensamientos irradiantes de tu cerebro.

Todo esto ocurre porque tu cerebro produce **imágenes** sensoriales, con **asociaciones** y enlaces apropiados que irradian de su centro. Las palabras desencadenan este proceso mental. A través de las palabras tu cerebro es capaz de generar **imágenes en 3D** con infinitas asociaciones, absolutamente personales.

Lo que **has** descubierto gracias al «ejercicio de la fruta» es que tu cerebro utiliza los Mapas Mentales® habitualmente. Ahora ya sabes mucho más de lo que crees dado que has abierto el camino para sacar el máximo provecho de tus capacidades mentales. ¡Has aprendido cómo funciona tu cerebro!

Para comprender mejor el alcance de tus poderes mentales y de la importancia del método de los Mapas Mentales® para el funcionamiento de tu cerebro, piensa una vez más en el ejercicio que acabas de terminar: ¿cuánto tiempo ha empleado tu cerebro para generar la imagen de la fruta? La mayoría de las personas contesta que la imagen le ha venido a la mente «de inmediato».

Durante el día, cada vez que entablas una conversación con alguien, «inmediatamente» tu cerebro produce, de forma automática y natural, una cantidad tan sorprendente de imágenes y datos que ni te das cuentas. Ningún ordenador (computadora) es capaz de realizar este proceso. El ordenador más potente del mercado ya lo posees. ¡Está en tu cabeza!

Los Mapas Mentales® aprovechan el poder de este increíble bio-ordenador que es tu cerebro.

Los Mapas Mentales® reflejan el funcionamiento natural y las habilidades de tu cerebro.

Así funciona tu cerebro:

IMÁGENES

y una red de

ASOCIACIONES

Así funcionan los Mapas Mentales®:

IMÁGENES

y una red de

ASOCIACIONES

Cómo dibujar un Mapa Mental® en siete pasos

1. Empieza en el **CENTRO** de una hoja en blanco. ¿Por qué? **Porque ello da a tu cerebro la libertad de moverse en todas las direcciones y expresarse más naturalmente.**

2. Dibuja en el centro de la hoja una IMAGEN que simbolice tu idea principal. ¿Por qué? **Porque una imagen vale más que mil palabras y potencia tu Imaginación. Una imagen central es un núcleo de interés, un centro de atención, y además facilita la concentración y despierta el cerebro.**

3. Utiliza muchos COLORES. ¿Por qué? **Porque los colores excitan tu cerebro. Como las imágenes, los colores añaden vitalidad, frescura y diversión a tus Mapas**

Mentales®, además de proporcionar energía positiva a tu Pensamiento Creativo.

4. Partiendo de la imagen central irradia hacia el exterior las palabras clave y las ideas más importantes relacionadas con el tema escogido. Conecta todas las ideas mediante líneas o ramas. ¿Por qué? **Porque tu cerebro trabaja mediante ASOCIACIONES. Si vinculas todas tus ideas mediante LÍNEAS o RAMAS, cada vez más finas a medida que te vayas alejando del centro, te será más fácil recordarlas.**

El uso de las líneas o ramas para asociar tus ideas también te permite crear una estructura o arquitectura para tus pensamientos. Este proceso es idéntico a lo que ocurre en la naturaleza. Piensa en un árbol y en las ramas que irradian del tronco y se hacen cada vez más finas a medida que se van alejando de él. Si las ramas no estuvieran vinculadas la una a la otra, si hubiese espacios vacíos entre ellas, no se sostendrían y caerían al suelo. Sin conexión, los Mapas Mentales®, y especialmente tu memoria, se desmoronan. ¡Conecta!

5. Traza líneas CURVAS en lugar de rectas. ¿Por qué? **Porque las líneas rectas aburren a tu cerebro. Las líneas curvas y asimétricas son más atractivas y capturan la atención de tus ojos con mayor facilidad.**

6. Utiliza sólo UNA PALABRA CLAVE POR LÍNEA. ¿Por qué? **Porque los núcleos individuales de palabras clave proporcionan a tu Mapa Mental® más flexibilidad y contundencia. Cada palabra o imagen tiene un efecto multiplicador y contiene en sí misma un amplio abanico de asociaciones y conexiones. Cuando utilizas por separado las palabras clave, confieres a cada una más libertad para irradiar nuevas ideas y pensamientos. Las frases**

apagan este efecto multiplicador. Un Mapa Mental® es como una mano: los dedos irradian del centro por separado, pero trabajan juntos para alcanzar el mismo objetivo. Un Mapa Mental® repleto de frases es como una mano con todos sus dedos rígidamente entablillados.

7. Utiliza muchas IMÁGENES. ¿Por qué? **Porque cada imagen, como la imagen central, vale más que mil palabras.** Esto significa que si utilizas 10 imágenes en un Mapa Mental®, ¡habrás alcanzado, sin casi darte cuenta, la misma elocuencia de 10.000 palabras!

Crea tu primer Mapa Mental®

Siguiendo con el tema de la «fruta», utiliza tus poderes de Imaginación y Asociación para crear tu primer Mapa Mental®. Encontrarás un ejemplo de Mapa Mental® en la lámina 1, pero antes de mirar el mío intenta crear el tuyo.

Primera etapa

Coge una gran hoja de papel en blanco y unos rotuladores de colores brillantes.

Coloca la hoja en forma apaisada y dibuja en su centro una **imagen** que simbolice tu idea de la **«Fruta»**. Utiliza todos los colores e intenta ser lo más creativo posible. Acto seguido, escribe la palabra «Fruta» en el centro de tu dibujo.

Segunda etapa

Partiendo de la imagen central irradia hacia afuera las palabras clave, cada una de ellas en una línea separada y de diferentes colores. Estas líneas representan tus **pensamientos principales** sobre la «Fruta». Como ya sabes, puedes trazar el número que quieras de líneas, pero para este ejercicio nos limitaremos a cinco (véase la ilustración de la página siguiente).

Escoge las cinco palabras clave que asocias a la idea de «fruta» y escríbelas claramente y en mayúsculas en cada una de las líneas.

Modelo para trazar tu primer Mapa Mental® (Segunda Etapa)

Como te habrás dado cuenta, tu Mapa Mental® de momento consiste sólo en líneas y palabras. ¿Cómo podemos mejorarlo?

Para mejorar este primer Mapa Mental® podemos añadir algunos ingredientes importantes como las imágenes, frutos de tu poderosa **IMAGINACIÓN**.

Dado que una imagen vale más que mil palabras, utilizar dibujos te ahorrará muchísimo tiempo y energía (¡no tendrás que escribir tantas palabras!) Y las imágenes se recuerdan más fácilmente.

Asocia a cada palabra clave una imagen que la simbolice y le añada fuerza. Utiliza tus rotuladores y tu imaginación. No tienes que realizar una obra de arte. ¡Un Mapa Mental® no es un test que mide tus habilidades artísticas!

Tercera etapa

Ahora utiliza la ASOCIACIÓN para expandir tu primer Mapa Mental®. Considerando las cinco palabras clave escritas en las cinco ramas que irradian del centro, piensa en otros conceptos que se asocian fácilmente a ellas. Por ejemplo, si una de éstas es «Naranja», puedes pensar en el zumo de naranja, en el color naranja, en la Vitamina C y así sucesivamente.

Partiendo de las cinco palabras clave dibuja unas ramas más finas y escribe claramente en cada una de ellas estas asociaciones secundarias.

Te recuerdo otra vez que el número de estas líneas o ramas secundarias puede ser infinito —dependiendo del número de asociaciones que eres capaz de realizar—, pero en este ejercicio nos limitaremos a dibujar sólo tres.

Además de las palabras en mayúsculas, usa imágenes para representar estas ideas secundarias. Una vez más, formas y colores serán elementos imprescindibles para tu memoria.

¡Enhorabuena! Acabas de completar tu primer Mapa

Modelo para trazar tu primer Mapa Mental® (Tercera Etapa)

Mental®. Te habrás dado cuenta de que, a pesar de ser un Mapa Mental® básico, comprende todos los elementos —símbolos, códigos, líneas, palabras e imágenes— necesarios para que tu cerebro trabaje más eficientemente, aprovechando al máximo tus capacidades mentales. Para tener una idea del alcance de este primer ejercicio, consulta el Mapa Mental® de la lámina 1.

Ya estás listo para explorar todas las aplicaciones del método de los Mapas Mentales® y disfrutar de sus ventajas tanto en tu vida profesional como personal.

Capítulo tres

Cómo alcanzar el éxito personal con los Mapas Mentales®

Aprende a utilizar los Mapas Mentales® para:

- **Elaborar presentaciones e informes**
- **Planificar tu vida familiar**
- **Persuadir y negociar**
- **Organizar un fin de semana romántico**
- **Realizar llamadas telefónicas**
- **Emprender un nuevo proyecto**
- **Ir de compras**
- **Resumir un libro en una sola página**

Ahora que conoces los principios básicos, estás listo para utilizar el amplio abanico de aplicaciones prácticas de los Mapas Mentales® en tu vida diaria.

Las ventajas de los Mapas Mentales® son infinitas, entre ellas cabe destacar:

- Ahorrarse tiempo
- Ayudan a organizarse y aclarar los pensamientos
- Generan nuevas ideas
- Ayudan a recordar datos y eventos
- Potencian la memoria y la capacidad de concentración
- Estimulan el cerebro
- Amplian horizontes y…¡hacerlos resulta divertido!

En este capítulo, descubrirás cada una de estas ventajas.

Mapa Mental® 1: La fruta

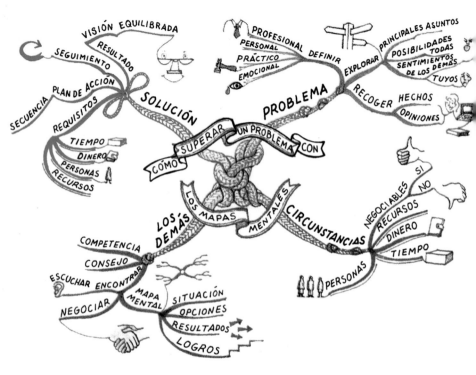

Mapa Mental® 2: Superar un problema

Mapa Mental® 3: Confeccionar una presentación

Mapa Mental® 4: Planificar la vida familiar

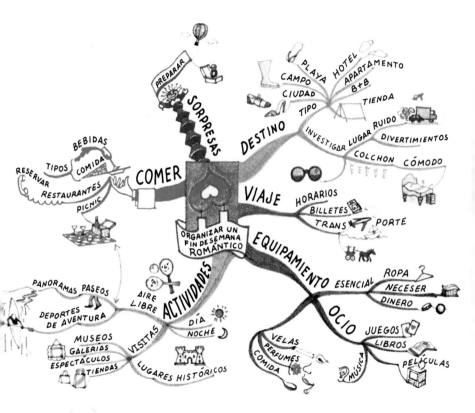

Mapa Mental® 5: Organizar un fin de semana romántico

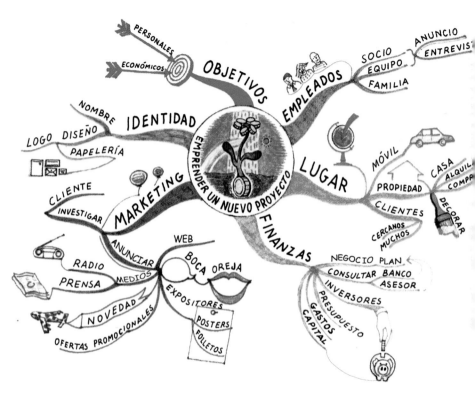

Mapa Mental® 6: Emprender un nuevo proyecto

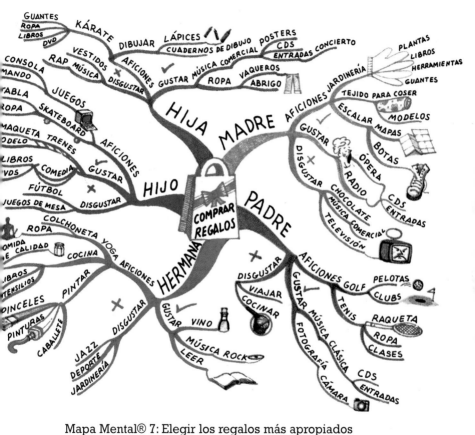

Mapa Mental® 7: Elegir los regalos más apropiados

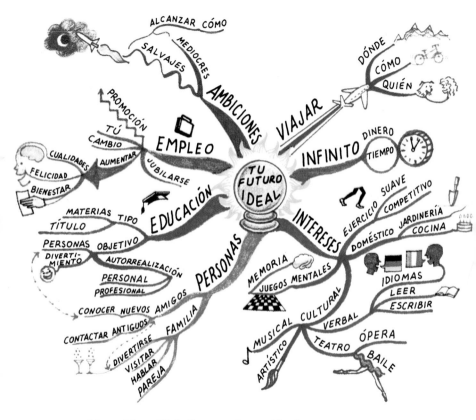

Mapa Mental® 8: Crear tu futuro ideal

Aprenderás a utilizar el método de los Mapas Mentales® en la mayoría de tareas diarias como comprar, planificar, estudiar, tomar apuntes, reflexionar y realizar presentaciones.

Elaborar presentaciones e informes

Para la mayoría de las personas hablar en público es el miedo número uno. Mayor que el miedo a las serpientes, las arañas, los ratones y los insectos más horribles, a la guerra, al hambre, a la enfermedad, a los ovnis y ¡hasta a la muerte!

¿Por qué?

Porque cuando nos expresamos delante de un grupo numeroso de personas estamos física y mentalmente expuestos. No tenemos escapatoria frente a la posibilidad de equivocarnos. No nos queda nada más que el terror.

Para superar este miedo, la mayoría de las personas desperdicia tiempo y energía preparando y memorizando presentaciones escritas de forma tradicional. Pero estas largas parrafadas que no reflejan en absoluto nuestra forma de hablar, pronto se convierten en una trampa aburrida y monótona. Además, en el esfuerzo de seguir palabra por palabra el borrador escrito, muchos conferenciantes pierden el contacto con el público, sin contar las innumerables ocasiones en las que pierden el hilo del discurso. Siempre por miedo a soltar el borrador escrito, su cuerpo asume una postura rígida y poco expresiva que no acompaña sus palabras, desaprovechando el potencial del lenguaje corporal y perdiendo hasta un 50 por ciento de eficacia en su presentación.

¡Los Mapas Mentales® te salvarán!

Como hiciste al crear el Mapa Mental® de la «Fruta», escribe en el centro de una hoja en blanco el tema de tu presentación. Acto seguido, amplía la palabra clave original con las asociaciones que consideres más apropiadas. Escribe las palabras muy claramente en las líneas que irradian del centro. No olvides utilizar colores e imágenes.

Una vez completado el Mapa Mental®, enumera los conceptos principales respetando el orden que quieres mantener durante tu presentación oral y subraya todos los puntos o asociaciones que quieres destacar en tu discurso.

Otro pequeño truco que hay que tener en cuenta consiste en dedicar un minuto a cada concepto clave. Como consecuencia, si tu presentación tiene que durar media hora, tu Mapa Mental® tendrá que contener al menos 30 palabras clave.

La principal ventaja de utilizar los Mapas Mentales® para las presentaciones, como millones de ejecutivos ya saben, es que te ofrecen una

«visión global»

sobre cualquier tema, permitiéndote añadir o suprimir información con facilidad durante los días previos a la presentación y garantizándote cubrir todos los aspectos más significativos del tema elegido.

Los Mapas Mentales® de una presentación te brindan la posibilidad de ser libre, libre de ser tú mismo.

Y el público aprecia la autenticidad.

En la lámina 3 encontrarás un ejemplo ilustrativo de Mapa Mental® sobre este tema.

Planificar tu vida familiar

Tengo una íntima amiga que utiliza los Mapas Mentales® para planificar su vida familiar diaria, semanal y anualmente.

Sus Mapas Mentales® se encuentran en un lugar habitualmente considerado como el centro neurálgico de la vida familiar: ¡la puerta de la nevera!

A continuación encontrarás su testimonio, escrito por ella misma, sobre su experiencia con los Mapas Mentales®, sus aplicaciones y ventajas.

《 ¡Antes de oír hablar de los Mapas Mentales® de Tony mi vida era un caos! Me considero una mujer del siglo XXI, eternamente en lucha con sus múltiples papeles, de esposa, de madre, de profesional… En otras palabras, soy una mujer que lo quiere todo y todo en orden. Además **me encanta** la vida social. No quiero renunciar a nada y todo es igualmente importante para mí, aunque mis hijos y sus actividades son antes que cualquier otra cosa. Les ayudo a prepararse para los exámenes, asistimos juntos a los conciertos, comparto con ellos sus aficiones y me aseguro de que vayan al peluquero al menos una vez al mes.

Sin embargo, me doy cuenta de que para abarcarlo todo tengo que ser supereficiente y organizada. Mientras preparo los documentos para las próximas reuniones de trabajo, me tengo que acordar de poner la lavadora, de pasar a buscar en la tintorería el traje de mi marido —que tiene un congreso al día siguiente—, de llamar a alguien para que lleve el perro al veterinario dado que tengo otro compromiso a la misma hora. No puedo olvidar el partido de fútbol de mi hijo y que tendré que ir a buscarle una hora más tarde tras los ensayos del concierto…¡Luego tendré que ayudarle con los deberes y preparar la cena!

Y mi madre vendrá a vernos el fin de semana… Tendré que preparar la habitación de los huéspedes, comprobar que la cama tenga sábanas limpias y comprar la comida que más le gusta…¡Y hoy es el último día para enviar la paga y señal del piso que hemos alquilado para las vacaciones!

Tengo también que llamar a Susie para decirle que no podré ir a clase de yoga por lo de mi madre y todo lo demás. La mayoría de las veces me las arreglo bien, otras me sorprenden llamadas telefónicas recordándome que mi hijo me está esperando desde hace más de media hora en la puerta del colegio o que tengo que acompañar a mi marido a una importante cena de trabajo de la que me había olvidado por completo.

Hasta que no oí hablar de los Mapas Mentales® no tenía

ni idea de que existiesen técnicas para organizar los días y hasta las semanas de la gente, pero la idea de trazar un mapa que sintetizara las actividades de cada miembro de mi familia me fascinó. ¡Desde entonces los Mapas Mentales® han **transformado** mi vida!

Ahora mismo tengo un mapa colgando de la puerta de mi nevera que describe claramente las actividades de la semana que viene. Lo hemos compuesto todos juntos durante el fin de semana y sobre la marcha vamos añadiendo cosas. ¡Es la primera vez que tengo la sensación de que mi vida está plena y eficientemente organizada!

»

Este testimonio demuestra que los Mapas Mentales® son una maravillosa herramienta para anotar, de forma atractiva y esquemática, todo lo que tienes que hacer. Siempre puedes elegir si prefieres utilizar un único Mapa Mental® que cubra todas las actividades de un día o de una semana, o varios que abarquen áreas específicas. Gracias a los Mapas Mentales®, podrás organizarte más fácil y eficazmente, controlando cada vez más tu futuro y tu vida.

En la lámina 4 encontrarás un ejemplo exhaustivo de Mapa Mental® realizado por mi amiga.

Persuadir y negociar

El arte de persuadir y de aunar voluntades es necesario para sobrevivir.

En cada momento de nuestra vida, estamos utilizando el arte de la persuasión. Cuando decidimos dónde pasar las vacaciones, pedimos un descuento, vendemos algo o acudimos a una entrevista de trabajo, el resultado depende de nuestra habilidad para

persuadir.

En cada una de estas acciones necesitas estar preparado y la herramienta más apropiada para tu entrenamiento mental son los Mapas Mentales®.

Antes de entrar en el «terreno de la persuasión», crea un Mapa Mental® que sintetice la situación global, incluyendo tus objetivos principales. Piensa en los argumentos a tu favor que quieres utilizar y anótalos en forma de palabras o imágenes. Puedes utilizar un Mapa Mental® para pedir un ascenso y concentrarte en las razones que justifiquen tu aumento de categoría y sueldo, teniendo en cuenta todas tus fuerzas y debilidades para poder rebatir cualquier objeción. Puedes también utilizar los Mapas Mentales® para disponer de un cuadro completo de todos tus logros a lo largo de tu carrera profesional.

Es también una buena idea considerar el punto de vista de otras personas e incluirlos en tus Mapas Mentales®. Escuchar a los demás te ofrece la posibilidad de tener una visión más objetiva y completa sobre los temas de tu interés, además de brindarte la oportunidad de crear un ambiente de colaboración mutua en lugar de uno de conflicto.

Los Mapas Mentales® son particularmente útiles cuando tienes que negociar un contrato, dado que te proporcionan una visión global sobre este importante tema y te facilitan la tarea de considerar los pros y los contras según la perspectiva más adecuada. Un Mapa Mental® te permite también contemplar todos los detalles y la letra pequeña sin perderte, porque las palabras, los colores, los símbolos y las demás técnicas sintetizan la información y al mismo tiempo la organizan eficazmente.

Los códigos de colores

son especialmente útiles. Gracias al uso de colores diferentes puedes destacar las cláusulas del contrato que te interesa negociar, las innegociables y las neutrales. Esto te permite concentrarte en lo más importante y no desperdiciar tiempo y energía en cosas irrelevantes.

Cuanto más complejo el contrato, tanto más útiles serán los Mapas Mentales®. Un buen Mapa Mental® te permite ver el todo sin perder de vista en ningún momento el detalle.

Un abogado, durante la resolución de un largo y complicado proceso, utilizó los Mapas Mentales® para reflejar todos los eventos más significativos durante seis meses.
La cantidad de datos y acontecimientos que tenía que recordar era tan numerosa y su memoria tan lúcida y eficaz que los abogados de la competencia, que desconocían la existencia de los Mapas Mentales®, estaban convencidos de que disponía de un ordenador de gran potencia.

Organizar un fin de semana romántico

Organizar un fin de semana romántico puede causar mucha ansiedad y estrés, porque es **tremendamente** importante que todo salga bien. Como para cualquier otro proyecto, si falta algún ingrediente imprescindible, el fin de semana se convierte en una catástrofe. Una vez más los Mapas Mentales® nos salvan de apuros.

El Mapa Mental® para organizar un fin de semana romántico se compone de una imagen principal en el centro de la hoja en blanco de la cual irradian tus asociaciones primarias, entre las que destacarán el destino del viaje, el medio de transporte, el alojamiento, las comidas, las cenas y todo el material necesario para el viaje (ropa, libros, juegos y sorpresas especiales).

Quizá la principal ventaja de organizar un fin de semana romántico con los Mapas Mentales® sea darte más seguridad y confianza en ti mismo, además de aumentar las probabilidades de que todo salga bien.

¡Una persona segura de sí misma y relajada es mucho más romántica que una estresada e insegura!

En la lámina 5 encontrarás un ejemplo detallado de Mapa Mental® sobre este tema.

Realizar llamadas telefónicas

Muchas personas toman apuntes durante las llamadas telefónicas, sobre todo las relacionadas con el trabajo u otros asuntos importantes. A veces por teléfono tratas temas complejos y corres el riesgo de perder información si no estás muy atento. Si estás preparando las vacaciones, por ejemplo, y hablas con la agencia de viajes es muy importante que tus notas sobre el itinerario, horarios y precios sean precisas. Los Mapas Mentales® son herramientas ideales para estas situaciones. Empieza dibujando la imagen central que simbolice el tema de la conversación o tu interlocutor. En la primera ronda de asociaciones incluirás el nombre de tu interlocutor y la fecha de la conversación. En las líneas que irradian del centro escribirás claramente los conceptos principales, utilizando palabras clave, colores y dibujos. Las ideas secundarias ocuparán las líneas más finas y más alejadas del centro.

Durante la conversación, seguirás completando tu Mapa Mental® con los datos aportados por tu interlocutor. Esta técnica para tomar notas ayuda a tu cerebro a ORGANIZAR, RECORDAR, COMPARAR y ASOCIAR la información más rápidamente. Cuando cambias de tema, trazas una nueva línea y escribes el nuevo concepto clave siempre utilizando palabras, imágenes y colores que te ayuden a sintetizar y memorizar. Si vuelves a un tema tratado con anterioridad, retrocede a las líneas o ramas y al espacio del mapa que le corresponde.

Durante una llamada telefónica se tratan numerosos temas y muy a menudo se vuelven a tocar los mismos asuntos en momentos distintos. Con los Mapas Mentales® es extremadamente fácil avanzar y retroceder dado que la información está perfectamente organizada y siempre se pueden aportar o suprimir elementos.

La forma tradicional de tomar apuntes se limita a transcribir cronológicamente —y casi nunca lógicamente— el flujo de información. Esto significa que la información clave se mezcla sin criterio con la información irrelevante. Te darás cuenta de que gracias a los Mapas Mentales® conseguirás organizar y dar coherencia hasta a las llamadas más caóticas y complejas.

En los Mapas Mentales® para las llamadas telefónicas, el color es un elemento muy importante dado que te permite priorizar. Puedes utilizar el rojo, por ejemplo, para indicar los temas urgentes, y el azul para los secundarios.

Trazar el esquema de un Mapa Mental® básico antes de realizar una llamada telefónica es la mejor forma para tratar todos los temas que te interesan. Este borrador, que se irá completando durante la llamada, será una herramienta indispensable para alcanzar tus objetivos. Las personas que utilizan los Mapas Mentales® consiguen lo que quieren en menos tiempo y acostumbran a tener más facilidad de concentración y a ser más eficientes dado que tienen delante de sus ojos un plano visual de la conversación.

Con los Mapas Mentales® nunca tendrás que volver a llamar a la misma persona dos veces precisamente porque te has olvidado de comentarle algo.

¡Los Mapas Mentales® de las llamadas telefónicas te ahorran tiempo, dinero y situaciones embarazosas!

Emprender un nuevo proyecto

Como has visto hasta ahora, los Mapas Mentales® son una fantástica herramienta de planificación dado que te permiten tener una visón global sin dejar nada al azar.

¿Puedes imaginarte, entonces, un recurso mejor para ayudarte a emprender un nuevo proyecto?

Quizás estés pensando en montar tu propio negocio, como una tienda o una pequeña empresa. O a lo mejor quieres empezar algo más modesto, como ofrecer tus servicios como canguro u organizar un grupo de lectura. Cualquiera que sea tu idea, los Mapas Mentales® te ayudarán a llevarla a cabo con éxito.

Hay tantas cosas que considerar antes de emprender un nuevo proyecto que es muy fácil perderse y sentirse desbordado. Sin embargo, si utilizas un buen Mapa Mental® estarás seguro de haber contemplado todos los detalles detenidamente, dando respuesta a todas tus preguntas.

Por ejemplo: ¿Dónde ubicar tu nuevo negocio? ¿Necesitas un local o puedes realizar el trabajo en casa? ¿Necesitas un socio, un equipo de personas, o bastas sólo tú? ¿Cómo conseguir el dinero para financiar tu proyecto? ¿Cuánto capital necesitas? ¿Hará falta una hipoteca? Todos estos temas quedarán reflejados en tu Mapa Mental® como conceptos clave. Esto te permitirá anticiparte a los problemas, evitándolos **antes** de que se manifiesten o encontrando una solución.

A medida que tu proyecto avanza, puedes utilizar los Mapas Mentales® para realizar el seguimiento y comprobar que todo se desarrolla según tus planes.

Por ejemplo, a menudo el estado de tus finanzas y el movimiento de caja adquiere tal importancia que dejas de lado todas las extraordinarias ideas de marketing que habías planificado antes de poner en marcha tu proyecto (por otro lado e irónicamente son justo estas iniciativas las que harían funcionar tu negocio aumentando los beneficios). Al consultar regularmente tu Mapa Mental® original, no descuidarás tus propósitos y entusiasmos iniciales.

Gracias a los Mapas Mentales® darás a tu nuevo proyecto un

empujón

hacia el **éxito.**

En la lámina 6 encontrarás un Mapa Mental® exhaustivo sobre este tema.

Ir de compras

Los Mapas Mentales® pueden ser de mucha ayuda cuando vas de compras, dado que garantizan que no te olvides nada racionalizando el proceso de compra. Son también un potente estimulante para tu cerebro forzándole a dar lo mejor de sí, recordándote en cada momento lo que deseas comprar.

¡Basta ya de papelitos sueltos —donde ibas apuntando de mala manera la lista de la compra— que tan a menudo perdías!

Los Mapas Mentales® son también de mucha utilidad a la hora de elegir los regalos más apropiados para Navidad o en cualquier otra ocasión especial.

Primero, dibuja la imagen central que simbolice la idea de ir de compras. Luego piensa en los destinatarios de tus compras y escribe sus nombres en las líneas que irradian del centro.

Estas personas representan los conceptos clave de este Mapa Mental® que se irá enriqueciendo con la descripción de cada uno de tus destinatarios, sus aficiones, sus gustos y aversiones. Estos datos te permitirán decidir con mayor facilidad los regalos más apropiados para cada uno.

Puedes utilizar también los Mapas Mentales® para elegir el trayecto más rápido para llegar a las mejores tiendas o para decidir cuál es el lugar más apropiado para comprar cada regalo. Usa tus Mapas Mentales® como guías.

Si te acostumbras a ir de compras con los Mapas Mentales® te sorprenderás por tu rapidez y eficiencia, olvidando para siempre los temores y las prisas de las malas adquisiciones. ¡A partir de ahora nunca volverás dos veces a la misma tienda por haberte olvidado comprar alguna cosa!

En la lámina 7 hallarás un Mapa Mental® sobre este tema.

Resumir un libro en una sola página

Trazar un Mapa Mental® de un libro es fácil. ¡Los libros, de hecho, se escriben para ser convertidos en Mapas Mentales®!

Los Mapas Mentales® te permiten memorizar los conceptos clave de cualquier texto y son una herramienta indispensable en cualquier proceso de aprendizaje.

Para reducir un libro a una página primero tienes que hojearlo por completo para tener una idea clara de su contenido, centrándote en los títulos de los capítulos y en los conceptos destacados. Con esto podrás dibujar la imagen central y dar un nombre a tu Mapa Mental®, además de trazar las líneas con las ideas clave.

Tras haber elaborado la estructura básica, te será más fácil enriquecer tu Mapa Mental® a medida que avances con la lectura, incluso aunque no respetes el orden de los capítulos.

El Mapa Mental® es un sistema auto-organizado que te muestra una visión global del libro, potenciando tu **comprensión** y **asimilación** de la materia tratada, además de acelerar tu aprendizaje, fortalecer tu memoria y divertirte.

Consultar un Mapa Mental® de un libro es como mirar un álbum de fotografías donde cada imagen desencadena múltiples recuerdos y emociones vividas, y vale más que mil palabras.

Las novelas son fáciles de resumir en un Mapa Mental®. Por lo general, en las novelas los títulos de los capítulos no corresponden a las ideas principales, pero hay otros elementos clave…¡y ahora los descubriremos!

Todas las novelas tienen unos componentes estándares que nos permiten resumirlas fácilmente en una página. Estos elementos son:

La trama: la estructura de los acontecimientos

Los personajes: su carácter y evolución

El lugar de la acción: dónde y cuándo se desarrolla la trama

El lenguaje: el vocabulario y el ritmo de la narración.

Los elementos visuales: el tipo de imágenes que el autor evoca para alimentar la imaginación del lector.

Los temas: las ideas tratadas en la obra, incluyendo el amor, el poder, el dinero, la religión, etc.

El simbolismo: cuando el autor sustituye palabras o conceptos por símbolos, como por ejemplo las flores por el amor, los truenos por la rabia, el mar en calma por la paz, etc.

La filosofía: algunos libros presentan puntos de vista polémicos o provocadores.

El género: cada novela pertenece a un género (por ejemplo, la novela rosa, la policíaca, la histórica, etc.).

Al utilizar los Mapas Mentales® para organizar el contenido de una novela, nunca volverás a olvidarte de los personajes secundarios, de la época descrita o de su trama. Un Mapa Mental® es como un faro que te ilumina el camino a medida que vas leyendo, brindándote la posibilidad de una lectura más rica, profunda y completa.

Si estás estudiando o asistiendo a **cualquier** curso de formación, los Mapas Mentales® de los libros serán tus aliados para sacar las mejores notas.

Mapas Mentales® por ordenador

El ordenador puede ayudarte a crear tus Mapas Mentales®.
A pesar de que sigue siendo tu cerebro el principal motor
de tus Mapas Mentales®, puede resultarte útil aprender a dibujar mapas virtuales. Las ventajas son obvias. Si utilizas un
ordenador puedes guardar tus Mapas Mentales® y enviarlos
por e-mail a conocidos y amigos. Los Mapas Mentales® por
ordenador te permiten almacenar mucha información, realizar referencias cruzadas o enlaces, incorporar datos nuevos
y actualizar sus contenidos con gran facilidad. ¡Hasta podrás
mostrar tus mapas durante videoconferencias!

Numerosas compañías están utilizando los Mapas Mentales®
virtuales para almacenar e intercambiar información y para
controlar el grado de avance de sus proyectos. Utiliza los Mapas Mentales® por ordenador en combinación con los que
realices a mano, ¡la mezcla resultará explosiva!

Como has podido comprobar, las aplicaciones de los Mapas Mentales® son **infinitas**.

En el capítulo siguiente, te mostraré cómo potenciar tus capacidades mentales y creativas con los Mapas Mentales®. La creatividad es un ingrediente imprescindible para la vida moderna, y utilizar los Mapas Mentales® con creatividad revela aspectos de tu cerebro y su potencial que te dejarán asombrado.

Capítulo cuatro

Cómo potenciar tu creatividad mediante los Mapas Mentales®

- **Estimula tu asombrosa creatividad con los Mapas Mentales®**
- **Los problemas de tomar apuntes de forma lineal**
- **El poder creativo de la Red Global de tu cerebro**
- **Aprende a tomar apuntes con los grandes genios creativos**

Este capítulo te mostrará cómo los Mapas Mentales® basándose en los principios de la Imaginación y de la Asociación, potencian tu creatividad.

Estimula tu asombrosa creatividad con los Mapas Mentales®

¿Te sientes creativo?

En este capítulo descubrirás que eres **asombrosa** y naturalmente creativo. Revisa el «ejercicio de la fruta» y observa atentamente el Mapa Mental® realizado por ti o por mí en la lámina 1 con sus cinco líneas principales y quince secundarias en el **tercer nivel de Asociación**, te darás cuenta de que es el resultado de un proceso complejo y elaborado. Del concepto «Fruta» fuiste capaz de irradiar cinco palabras clave y multiplicando por cinco tu idea originaria, alcanzaste un 500 por ciento de aumento de tu creatividad.

Multiplicando estos cinco conceptos por tres y trazando las líneas secundarias conseguiste otro aumento de tu creatividad del 300 por ciento.

En poquísimo tiempo pasaste de una idea a quince, aumentando en un 1.500 por ciento tu creatividad.

Ahora plantéate la pregunta siguiente: «¿Podría crear otras cinco ideas a partir de cada una de las quince del último nivel de mi Mapa Mental®?» ¡Claro que sí! De esta forma crearías 75 nuevas ideas en un abrir y cerrar de ojos.

¿Podrías añadir otras cinco nuevas asociaciones a partir de estas 75? Por supuesto que sí, y crearías 375 nuevas ideas sumando **un aumento del 37.500 por ciento** desde el punto de partida. ¿Podrías continuar este proceso, completando el nivel siguiente? ¿Y el siguiente? ¿Y otro más? ¡Claro que sí! ¿Y durante cuánto tiempo podrías seguir ampliando tu Mapa Mental®? ¡Indefinidamente! ¿Y cuántas ideas podrías llegar a crear? **¡Infinitas!**

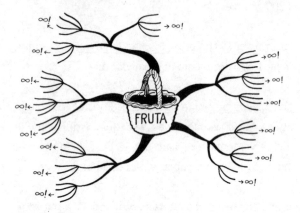

Mapa Mental® que demuestra que posees un número infinito de habilidades creativas.

Lo que acabas de aprender tiene un amplio abanico de aplicaciones. Nunca te faltarán palabras y tendrás la seguridad de que **siempre** encontrarás el vocablo más apropiado; **siempre** serás capaz de dar con la solución a un problema; **siempre** tendrás ideas creativas; **siempre** podrás lidiar con éxito con cualquier proceso mental gracias a tu natural habilidad para asociar y vincular ideas; y ¡**siempre** sabrás que eres mucho más inteligente de lo que crees!

De forma inconsciente, has demostrado tu infinita capacidad creativa a lo largo de toda tu vida. ¡Llamémosla procrastinación! Piensa solamente en el sorprendente número de ideas originales y creativas que generas cada día cuando encuentras las razones (¡o excusas!) para no reordenar tu armario, leer un determinado libro, realizar una tarea aburrida… ¡Ésta sí que es creatividad infinita!

Una vez generadas las ideas creativas principales, gracias al poder de la asociación, puedes dedicarte a las secundarias, igualmente importantes para solucionar problemas, tomar decisiones y ayudarte a concebir los pequeños inventos cotidianos que podrían convertirse en las semillas de tu futuro éxito.

Este poder de asociación infinito te permite crear todas las ideas que precises en cada momento. Este método funciona como la lotería: cuantos más números poseas, más probabilidades tendrás de ganar el gordo (¡dar con la idea que te hará alcanzar el éxito!).

Los Mapas Mentales® son, por consiguiente, la mejor manera de manifestar el infinito potencial creativo de tu cerebro. Queda inmediatamente claro por qué las personas que utilizan la forma lineal tradicional de tomar apuntes se enfrentan a tantos problemas, dado que este método no realza su potencial creativo.

Los problemas de tomar apuntes de forma lineal

¿Cómo te enseñaron a tomar apuntes? ¿Y cómo sigues tomándolos?

El 99,9 por ciento de la población aprende a tomar apuntes de la forma tradicional en la escuela. A mí me pasó lo mismo y me enseñaron a utilizar, en secuencias lineales lógicas, palabras y números.

No es un método del todo erróneo, pero tiene un serio problema.

El problema radica en el hecho de que este método no recurre a ninguna de las habilidades del hemisferio derecho de tu cerebro, como el ritmo, el color, el espacio y la ensoñación.

En otras palabras, tanto tú como yo, aprendimos a utilizar sólo el 50 por ciento de la caja de herramientas de nuestro cerebro.

Es como si te pidiera realizar una carrera de 100 metros para evaluar tu eficiencia física en dos pruebas distintas. En la primera te permitiría utilizar las dos piernas y en la segunda sólo una.

Como consecuencia, en la primera carrera probablemente alcanzarías un rendimiento del 90-100 por ciento, mientras que en la segunda ni siquiera podrías empezar a correr, te caerías al suelo al primer centímetro recorrido. Tu nivel de eficiencia sería cero. Además podrías hacerte daño.

Pasa exactamente lo mismo cuando utilizamos solamente una parte de nuestro cerebro.

La forma tradicional de tomar apuntes, además de utilizar

sólo un 50 por ciento de nuestras capacidades mentales, tiene otro inconveniente significativo.

Los alumnos de todo el mundo deben utilizar para tomar apuntes bolígrafos de color negro o azul. En mi escuela fue incluso peor, dado que sólo podía utilizar el color azul y el bolígrafo tenía que ser de una marca determinada. Si utilizábamos otros colores nos castigaban haciéndonos escribir en la pizarra montones de frases de enmienda.

¿Cuáles son las desventajas de este enfoque monocromático?

Piensa en ello: un único color es para tu cerebro un color **mono** (individual) **tono**.

Al combinar estos dos conceptos llegamos a la palabra:

¡Monótono!

Las cosas monótonas son aburridas y el aburrimiento lleva a tu cerebro a perder la concentración, a olvidar datos y a adormecerse.

De modo que ya seas un occidental tomando apuntes de izquierda a derecha, o un árabe escribiendo de derecha a izquierda, o un chino apuntando sus notas verticalmente, tu cerebro siempre se rebelará contra el

aburrimiento

y se adormecerá.

La conclusión que sacamos de todo esto es que el 99,9 por ciento de la población mundial con estudios toma apuntes para memorizar, planificar, organizar y comunicar sus pensamientos, de una forma específicamente diseñada para adormecer su cerebro, aburrirlo y cansarlo hasta el agotamiento.

Es tristemente irónico darse cuenta de que el sistema tradicional de tomar apuntes convierte las cosas más sencillas en complicadas.

Los trazos de tus anotaciones tradicionales son como las rejas de una cárcel que encierran tu infinito potencial creativo y no te permiten desarrollar tus capacidades mentales, a menos que no las liberes mediante los Mapas Mentales®.

Literalmente, estas notas que forman las rejas de tu cárcel mental son verdaderas sentencias de muerte para tu cerebro.

La forma tradicional de tomar apuntes, por su naturaleza y estructura, no favorece tu creatividad. Los Mapas Mentales®, en cambio, utilizando todos los recursos de tu Imaginación y todas las herramientas de los hemisferios derecho e izquierdo del cerebro, te permiten dar rienda suelta a tu creatividad.

El poder creativo de la Red Global de tu cerebro

La Red o Internet es considerada un gran aliado a la hora de potenciar la creatividad. Además utilizamos la Red para acceder a la información, comunicar, almacenar datos y divertirnos.

Como te habrás dado cuenta, tu cerebro posee en su interior su propia Red. Tu cerebro, de hecho, está organizado como Internet, pero tiene muchas más ventajas:

- Dispone de un equipo mucho más potente.
- Es mucho más rápido a la hora de acceder a la información.
- Puede generar su propia información con extrema eficiencia.
- Contiene muchos más parámetros de pensamiento (si comparas los parámetros de Internet con los de tu cerebro te parecerá estar comparando el tamaño de un guisante con el de un planeta).

Los Mapas Mentales® reflejan esta Red en el interior de tu cerebro y actúan como un conducto entre tu universo personal y el exterior. Los grandes genios creativos, como descubrirás pronto, dominan magistralmente esta Red interior.

Cómo crear Mapas Mentales®

Aprende a tomar apuntes con los grandes genios creativos

A medida que vayas adquiriendo soltura con los Mapas Mentales® empezarás a compartir los mismos procesos mentales de los grandes genios creativos de la historia. Tanto Leonardo da Vinci como Einstein utilizaban todo el potencial de su Imaginación.

Fue Einstein quien dijo que:

«La imaginación es más importante que el conocimiento.»

¡Y estaba en lo cierto!

Leonardo da Vinci, declarado Cerebro del Milenio en el año 2000, es el perfecto ejemplo de persona que aplicó los principios de los Mapas Mentales® a todos sus procesos cerebrales. Los apuntes científicos de Leonardo son una fiesta de imágenes, símbolos, asociaciones y colores.

¿Y para qué tomaba apuntes Leonardo? Para convertirse en el mayor genio de todos los tiempos y en el mejor anatomista, arquitecto, astrónomo, cocinero, geólogo, pintor, ingeniero y músico de su época.

Leonardo descubrió el poder de las **imágenes** y de las **asociaciones** para estimular las infinitas capacidades de su cerebro.

Sigue su ejemplo, **¡utiliza los Mapas Mentales®!**

Capítulo cinco

Cómo planificar tu futuro ideal mediante los Mapas Mentales®

- **Crea tu futuro ideal**

- **Los Mapas Mentales® y el futuro**

- **Un sueño hecho realidad**

Crea tu futuro ideal

Ya conoces los poderes extraordinarios de los Mapas Mentales®. Ahora aprenderás cómo utilizarlos para ayudarte a controlar **tu** futuro.

Probablemente ya sabes que «tiendes a conseguir lo que piensas que vas a conseguir». Un Mapa Mental®, el más sofisticado método para ayudarte a organizar tus pensamientos, será tu aliado a la hora de pensar en lo que quieres, aumentando significativamente la probabilidad de que lo consigas.

El próximo paso será, entonces, **dar rienda suelta a tu imaginación.**

Imagina que dispones de todo el tiempo, los recursos y la energía necesarios para llevar a cabo cualquier tarea que desees. Utiliza una hoja en blanco, dibuja en su centro algo que represente la esencia de tu futuro ideal y elabora un Mapa Mental® (¡o diez!) sobre todas aquellas cosas que te gustaría realizar si no tuvieras ninguna limitación. Este Mapa Mental® reflejará todas aquellas aficiones que siempre has soñado cultivar, además de todos tus otros sueños. Algunos de los sueños más frecuentes incluyen viajar, aprender un nuevo idioma o a tocar un instrumento musical, pintar un cuadro, bailar, hacer deporte con regularidad y dedicar más tiempo a la actividad física en general. (Una forma rápida para realizar este Mapa Mental® consiste en pensar en todas las cosas que **no** quieres incluir en tu futuro ideal.)

Algunas áreas que no puedes olvidar incluir son:

- tu educación y formación

- tus amigos y familia
- tu trabajo y aficiones
- tus objetivos y logros

Crea un Mapa Mental® de cómo te gustaría que fuera tu vida hasta los mínimos detalles, e imagina que un genio de la lámpara te haya garantizado que cumplirá cada uno de tus deseos.

Intenta que tu mente esté libre de ataduras, y que tu Mapa Mental® refleje absolutamente todo lo que te gustaría si tuvieras todo el tiempo y el dinero del mundo.

Utiliza muchas imágenes y el máximo de colores para estimular aún más tu pensamiento creativo.

También puedes empezar trazando el Mapa Mental® de un **día** ideal en tu futuro. Utilizando un reloj como imagen principal irradia todas las ideas que relacionas con un día perfecto. Una vez completado este Mapa Mental®, intenta que cada día en tu vida real se convierta en el día perfecto.

El Mapa Mental® de tu futuro ideal te servirá como estímulo y como guía para añadir calidad y esperanza a tu futuro **real,** que estás simultáneamente viviendo y creando. Toma la decisión de aunar todos tus recursos mentales y físicos para conseguir que tus deseos se conviertan en realidad.

La mayoría de las personas que han utilizado este método constataron profundos cambios en sus vidas alcanzando bienestar y éxito. Después de algunos años de haber trazado el Mapa Mental® de su futuro ideal, cumplieron el 80 por ciento de sus sueños.

Para tener un ejemplo ilustrativo de Mapa Mental® sobre este tema, consulta la lámina 8.

Los Mapas Mentales® y el futuro

Todos los genios del mundo han buscado una herramienta que les permitiese organizar sus pensamientos y desarrollar sus capacidades mentales, y que, además, respetara sus procesos naturales de funcionamiento, entre ellos la creación espontánea y dinámica de imágenes y asociaciones.

Ahora ya disponemos de esta herramienta, que hace poco fue definida por un periodista irlandés como «la obra de arte perfecta para la mente».

Los Mapas Mentales® te sorprenderán, te enriquecerán y te divertirán.

Los Mapas Mentales® harán que tu vida sea más satisfactoria, productiva y llena.

Los Mapas Mentales® son toda una **aventura** y un **compromiso** entre lo que trazas en el papel y lo que pasa en tu mente.

Ya te diste cuenta de que los Mapas Mentales® tienen miles de aplicaciones. Pero ¿de cuántos usos estamos hablando exactamente? ¡Infinitos!

Además de las aplicaciones analizadas en este libro, entre los usos más comunes de los Mapas Mentales® destacan:

- Organizar vacaciones, fiestas, celebraciones, bodas, eventos familiares y profesionales.
- Crear Mapas Mentales® que resumen la relación, constantemente actualizada, entre un equipo comercial y sus clientes.
- Sintetizar materias de estudio.

- Elaborar actas de reuniones.
- Solucionar cualquier tipo de problema, incluyendo los personales, los interpersonales y los académicos.
- Obtener una perspectiva global sobre cualquier tema.
- Preparar una entrevista.
- Liderar una multinacional o un negocio.

¡Podrás explorar a solas las infinitas aplicaciones que no caben en estas páginas! Si descubres nuevos usos de los Mapas Mentales®, experimentas extraordinarios beneficios y quieres compartir conmigo esa experiencia, no dudes en escribirme a las direcciones incluidas en las páginas 125 y 126

Un sueño hecho realidad

Cuando inventé los Mapas Mentales®, mi mayor deseo era el de crear la herramienta clave para el pensamiento humano que estuviera al alcance de cualquier persona, y que se pudiera utilizar en miles de situaciones distintas y sirviera como ayuda en cualquier aspecto de la vida; en otras palabras, una herramienta aplicable a la vida misma. Además esta herramienta tenía que servir para expresar la singularidad de todos los individuos y para divertir.

La herramienta que creé refleja la perfección natural del cerebro humano. ¡Esta herramienta son los Mapas Mentales®!

Los Mapas Mentales® pueden ayudarte en todas tus actividades diarias, desde las tareas más básicas hasta la toma de decisiones importantes y la creación de nuevas ideas. Los Mapas Mentales® están siendo utilizados por cada vez más personas en el mundo. Estoy encantado de que también tú ahora formes parte de esta comunidad global de amigos de los Mapas Mentales®. Te deseo mucha suerte en el largo proceso de potenciar tu asombroso cerebro y sus capacidades con los Mapas Mentales®.

Aprender a pensar en el siglo XXI

Los Centros Tony Buzan, únicas organizaciones autorizadas para el uso exclusivo de la marca Mapas Mentales®, te ofrecen:

- Programas específicos para potenciar tus capacidades mentales.
- Seminarios personalizados en tu propia empresa.
- Cursos de formación para conseguir el título de profesor del método de los Mapas Mentales®.

Si deseas más información sobre Tony Buzan y los Mapas Mentales®, o si estás interesado en participar en juegos, concursos y debates sobre todos los temas que se han tratado en este libro, visita la página web:

www.Mind-Map.com

Email: Buzan@Mind-Map.com

o contacta con Tony en el Buzan Centre:

Buzan Centres Ltd.

54, Parkstone Road

Poole, Dorset BH152PG

Buzan Centres Inc.

PO Box 4

Palm Beach

Florida 33480

USA

Buzan Centres México

5488-0804 World Trade Center México, Piso 22

Email: info@buzanmexico.com

¡POTENCIA TUS CAPACIDADES MENTALES AHORA!